BIBLIOTHÈQUE DRAMATIQUE

Théâtre moderne.

LA ROSE DE BOHÊME

COMÉDIE-VAUDEVILLE EN 1 ACTE

PAR

MM. MARC-MICHEL, SIRAUDIN ET DELACOUR

Prix : 60 centimes

130

MICHEL LÉVY FRÈRES, LIBRAIRES-ÉDITEURS

RUE VIVIENNE, 2 BIS

PARIS — 1854

Chez les mêmes Éditeurs.

MUSÉE LITTÉRAIRE DU SIÈCLE

CHOIX DES MEILLEURS OUVRAGES MODERNES.

Il paraît deux livraisons par semaine, ou une série tous les quinze jours.

20 *centimes la Livraison*, *composée de 24 pages.*

EN VENTE, OUVRAGES COMPLETS :

ALEXANDRE DUMAS.

Les Trois Mousquetaires..	1 vol.	1 50
Vingt ans après...	—	2 »
Le Vicomte de Bragelonne.	—	4 50
Le Chev. de Maison-Rouge	—	1 10
Le Comte de Monte-Cristo.	—	3 60
La Reine Margot.........	—	1 50
Ascanio...............	—	1 30
La Dame de Monsoreau...	—	2 20
Amaury...............	—	» 90
Les Frères corses........	—	» 50
Les deux Diane	—	2 »
Les Quarante-cinq	—	2 20
Le Maître d'armes	—	» 90
Le Bâtard de Mauléon....	—	1 80
Mémoires d'un Médecin (Joseph Balsamo).......	—	3 60
La Guerre des Femmes...	—	1 50
Georges	—	» 90
Une Fille du Régent......	—	1 10
Impressions de Voyage :		
Suisse......	—	2 »
Midi de la France.. ...	—	1 10
Une année à Florence..	—	» 90
Le Corricolo..........	—	1 50
La Villa Palmieri.......	—	» 90
Le Spéronare	—	1 30
Le Capitaine Aréna	—	» 90
Les Bords du Rhin....	—	1 10
Quinze jours au Sinaï..	—	» 90
Cécile................	—	» 70
Sylvandire	—	» 90
Fernande	—	» 90
Isabel de Bavière........	—	1 10
Le Chevalier d'Harmental.	—	1 30
Acté.................	—	» 70
Gaule et France..........	—	» 70
Le Collier de la Reine. ..	—	2 20
La Tulipe noire.........	—	» 70
La Colombe. — Murat....	—	» 50
Ange Pitou............	—	1 80
Pascal Bruno...........	—	» 50

LÉON GOZLAN.

Les Nuits du Père Lachaise	—	1 10
Le Médecin du Pecq.....	—	1 30

PAUL FÉVAL.

Les Amours de Paris.....	—	1 75
Les Mystères de Londres.	—	3 »

EUGÈNE SUE.

Les Sept Péchés capitaux.	—	5 »
Chaque ouvrage se vend séparément :		
L'orgueil..........	—	1 50
L'Envie......	—	» 90
La Colère...	—	» 70
La Luxure	—	» 70
La Paresse	—	» 50
L'Avarice..........	—	» 50
La Gourmandise	—	» 50
Les Enfants de l'Amour.	—	» 90
La Bonne Aventure......	—	1 50
L'Institutrice	—	» 90

X. B. SAINTINE.

Une Maîtresse de Louis XIII	—	1 10

LOUIS DESNOYERS.

Aventur. de Robert-Robert.	—	1 30

EM. MARCO DE SAINT-HILAIRE.

Une veuve de la Grande armée	—	» 90

ELIE BERTHET.

Antonia...............	—	» 90

FÉLIX DERIÈGE.

Les Mystères de Rome....	—	1 75

ALPHONSE KARR.

Sous les Tilleuls...	—	» 90
Fort en Thème.........	—	» 70

FRÉDÉRIC SOULIÉ.

Le Lion amoureux.......	—	» 30

MÉRY.

Héva	—	» 50
La Floride...........	—	» 70
La Guerre du Nizam	—	1 »

EUGÈNE SCRIBE.

Carlo Broschi..........	—	» 50
La Maîtresse anonyme....	—	» 30
Judith ou la loge d'opéra.	—	» 30
Proverbes	—	» 70

CHARLES DE BERNARD

La Femme de 40 ans ...	—	» 30
Un Acte de Vertu et la Peine du talion............	—	» 50
L'Anneau d'argent.......	—	» 70

LA
ROSE DE BOHÊME

COMÉDIE EN UN ACTE, MÊLÉE DE CHANT

PAR

MM. MARC-MICHEL, SIRAUDIN ET DELACOUR

REPRÉSENTÉE POUR LA PREMIÈRE FOIS, A PARIS, SUR LE THÉATRE DU PALAIS-ROYAL, LE 26 MAI 1854.

DISTRIBUTION DE LA PIÈCE :

MALCORNUTO, rentier Napolitain.	MM. AMANT.
ALCIBIADE DE MACHEBOEUF, voyageur français.	GIL-PEREZ.
LUIGI, amoureux de Sabina. . . .	LEVI.
GUBETTA, aubergiste.	AUGUSTIN.
PAPELITA, boyémienne (8 ans). . .	Mlles CÉLINE MONTALAND.
SABINA, nièce de Malcornuto. . . .	CHAUVIÈRES.
COCOMÉRO, bohémien	M. LUCIEN.
BOHÉMIENS ET BOHEMIENNES.	

NOTA. — Toutes les indications sont prises de la salle — Les personnages sont placés en tête des scènes dans l'ordre qu'ils occupent, c'est-à-dire que le premier inscrit tient la gauche. Les changements de position sont indiqués par des renvois.

LA ROSE DE BOHÈME.

Dans une auberge (osteria), près des Marais-Pontins, sur la route de Naples. — Au fond au milieu, une alcôve avec lit et rideaux. — A droite de l'alcôve porte principale. — A droite, deuxième plan, une fenêtre. — A droite et à gauche, portes latérales, aux premiers plans. — A gauche, deuxième plan, une cheminée d'auberge. — Après la cheminée, une autre porte. — Table à gauche ; chaises de paille ; bancs ; table ronde à droite. — Entre la fenêtre et la porte latérale, petit buffet avec gobelets, bouteilles, pain, assiettes, serviettes.

SCÈNE Ire.

GUBETTA, puis, LUIGI.

(*Au lever du rideau, Gubetta étendu à gauche sur trois chaises, est en train de dormir. Il se réveille en sursaut.*)

GUBETTA.

Qui va là ?... (*Ouvrant les yeux.*) Que c'est bête !... je rêvais qu'il entrait un voyageur dans mon auberge !... on fait des rêves absurdes quelquefois !... comme s'il entrait jamais personne ici... une osteria isolée, à six lieues de Terracine et des Marais-Pontins... Du reste, j'aime autant ça !... les voyageurs... ça trouble une auberge... on ne peut plus dormir... et c'est si bon le sommeil !... le sommeil et le macaroni... Or, comme je manque de macaroni, je dors... (*S'assoupissant.*) Bonsoir, Gubetta !... bonne nuit, mon garçon ! (*Il se rendort.*)

LUIGI, *entrant par le fond, son manteau sur le bras.**

Holà ! quelqu'un ! l'aubergiste !... hé ! l'ami !... (*Il frappe sur l'épaule de Gubetta.*)

GUBETTA, *sans ouvrir les yeux.*

Ah ! qu'on est bien !

LUIGI, *le secouant.*

Eh bien !... te réveilleras-tu ?...

GUBETTA.

Je me sens bercer... comme dans une gondole à Venise !

LUIGI, *le secouant plus fort.*

Allons donc ! debout ! paresseux !

GUBETTA, *effrayé et se mettant sur son séant.*

Hein ! qui va là ?... qui êtes-vous ?...

LUIGI.

Pardieu ! tu le vois bien !... un voyageur.

GUBETTA, *riant bêtement.*

Un voyageur ?... ah ! ben oui !...

LUIGI.

Comment !...

* Gubetta, Luigi.

GUBETTA.

Il n'en vient jamais ici.

LUIGI.

Ce n'est donc pas une auberge ?

GUBETTA.

Si fait, signor... on me l'a vendue pour ça... mais elle est si peu... si peu fréquentée... (*A part.*) Grâce au ciel !...

LUIGI.

Eh bien !... ta chance sera meilleure aujourd'hui... me voici d'abord, moi... et de plus... (*Baisant la voix.*) Ecoute !... dans un quart d'heure, trois autres voyageurs vont arriver...

GUBETTA.

Chez moi ?...

LUIGI.*

Sans doute !...

GUBETTA.

Oh ! que non !

LUIGI, *étonné.*

Hein ?

GUBETTA.

Je connais trop bien ma maison !... on passe devant... mais pour s'y arrêter... jamais !

LUIGI.

Je te dis...

GUBETTA.

Jamais ! jamais !...

LUIGI, *à part.*

Quelle brute !... et moi qui comptais me confier... bah ! je me passerai de lui ! (*Haut.*) Voyons ! as-tu seulement une chambre à me donner ?

GUBETTA.

Des chambres !... oh ! ce n'est pas ça qui manque ici !...

LUIGI.

Laquelle ?

GUBETTA.

Ça m'est bien égal... choisissez.

LUIGI, *indiquant la porte à gauche.***

Celle-ci ?

GUBETTA.

Je veux bien, moi !

LUIGI.

Je la prends... (*Sur le seuil de la chambre.*) Mais quand ces trois personnes arriveront...

GUBETTA.

Pas de danger ! pas de danger !...

LUIGI.

Quel idiot! (*Il entre à gauche, deuxieme plan.*)

* Luigi, Gubetta.
** Gubetta, Luigi.

SCÈNE II.

GUBETTA, puis BOHÉMIENS, puis PAPELITA.

GUBETTA, *le suivant d'un pas nonchalant.*

Que c'est bête de venir réveiller comme ça un malheureux aubergiste... qui ne vous a rien fait !... (*Il s'arrête en entendant du bruit au dehors.*) Qu'est-ce que c'est encore ?... ses trois particuliers peut-être !... (*Allant à la fenêtre.*) Non !... ah !... démonio !... une troupe de bohémiens... il faudra servir à boire à tout ce monde là... Oh les voyageurs... ça serait si gentil une auberge sans ça !

(*Entrent les bohémiens.*)

CHŒUR.

Air : Chœur de *la Norma.*

Chantons, dansons, fils de la Bohême !
Point de soucis, et fi du lendemain !
Courir est le bonheur suprême !
Nous vivons sur le grand chemin.
Du plaisir seul la route est suivie ;
De fleurs, d'amours, parons notre vie !
Chantons, dansons, etc.

BOHÉMIENS.

A boire !

GUBETTA, *à part.*

Là ! j'en étais sûr !

COCOMÉRO.

Du Montefiascone !

TOUS.

Du Lacryma !

GUBETTA, *à part.*

Cristi !...

COCOMÉRO.

Un grand verre... le plus beau... le plus propre ! c'est pour notre reine Papelita... la Rose de Bohême !

GUBETTA.

Vous avez une reine ?...

BOHÉMIENS.

Allons !

GUBETTA.

Mais...

BOHÉMIENS.

La voici !

(*Papelita entre. — Costume pittoresque de bohémienne, un tambour de basque à la main. — Ritournelle à l'orchestre.*)

PAPELITA, *chantant.*

Air nouveau de MANGEANT.

J'ai huit ans à peine,
Pourtant, je suis reine,
Seule souveraine
De ces insoumis.
Chacun me venère,
Car je suis sévère, } *bis.*
Mais, en bonne mère,
J'aime tous mes fils. } *bis.*
Mon royaume est dans la montagne;
Mon peuple vit de mes chansons.
Lorsque parfois l'ennui nous gagne,
Pour nous égayer, nous dansons.
Je n'ai ni sceptre, ni couronne;
Pour gouverner ce peuple-là,
J'ai la gaîté que Dieu me donne...
(*Montrant son tambour de basque.*)
Et mon talisman, le voilà!
Le voilà!
Tra, la, la, la, la.

TOUS.

Tra, la, la, la, la.

GUBETTA.

Ça, leur reine!... c'est une reinette!

PAPELITA, *à Gubetta.**

C'est toi qui es le maître de cette bicoque?...

GUBETTA.

Bicoque?

PAPELITA.

Réponds!

GUBETTA, *s'inclinant.*

Oui, grande reine!... que faut-il vous servir?

PAPELITA.

Va-t-en!

GUBETTA.

Je vais m'empresser de vous servir cette consommation! (*A part.*) Quelle petite gaillarde!

PAPELITA, *frappant du pied.*

Mais va-t-en donc!...

LES BOHÉMIENS.

Va-t-en!

GUBETTA, *à Papelita.*

Oui, excellence!

LUIGI, *sortant de sa chambre.*

Quel est ce bruit?

* Cocoméro, Papelita, Gubetta.

GUBETTA, *bas.*

Des bohémiens ! tout une bande ! (*En sortant.*) Oh ! les voyageurs ! les voyageurs ! (*Il sort à droite, premier plan.*)

SCÈNE III.

LES MÊMES *moins* GUBETTA. *

LUIGI, *s'approchant et regardant Papelita.*

Mais, je ne me trompe pas...

PAPELITA, *allant à Luigi et tendant son tambour de basque.*

Allons ! signor ! une piecette.

LUIGI.

Ou un ducat !

PAPELITA.

J'aimerais mieux le ducat !

LUIGI, *riant et fouillant à sa poche.*

J'en sais déjà quelque chose, ma petite Gitanilla.

PAPELITA, *le reconnaissant.*

Tiens !... le gentil cavalier que nous avons rencontré ce matin dans la montagne... et qui m'a donné une belle pièce d'or !...

LUIGI.

En voici une autre.

PAPELITA.

Merci pour la première... qui s'ennuyait d'être seule !... (*Lui tendant la main.*) Touchez-là... Peut-on vous offrir un petit doigt de Lacryma ?

LUIGI.

Volontiers ! mais à une condition...

PAPELITA.

Laquelle ?...

LUIGI.

C'est que tu trinqueras avec moi.

PAPELITA, *gaîment.*

Corpo di Bacco ! cela va sans dire... (*A un bohémien qui verse dans leurs verres.*) Allons ! Cocoméro !...

LUIGI, *prenant son verre.*

Elle est charmante !... A ta santé !

PAPELITA.

A la vôtre !...

LES BOHÉMIENS.

Vive Papelita !

LUIGI.

Vive Papelita !...

* Papelita, Luigi.

LES BOHÉMIENS.

Vive notre reine!...

LUIGI.

La reine!... (*Se découvrant.*) Ah!... majesté!...

PAPELITA, *gaiment.*

Cela vous étonne... une reine de huit ans!...

COCOMÉRO.

C'est un héritage de famille... pendant toute sa vie, sa mère fut l'idole de ces braves compagnons... et, quand elle la perdit...

LUIGI.

Tu héritas de la couronne?...

PAPELITA.

Oh non! j'étais mineure alors... je n'avais que dix mois... et j'étais en nourrice... chez Djali... une chèvre blanche... qui m'aimait comme son petit cabri!... elle est vieille aujourd'hui, et je la nourris à mon tour... Ce fut ma sœur qui devint reine!...

LUIGI, *cherchant des yeux parmi les Bohémiens.*

Ta sœur!... et où est-elle?...

COCOMÉRO.

Ne la cherchez pas... elle a abdiqué en sa faveur.

LUIGI.

Abdiqué?...

PAPELITA.

Dès que je fus majeure... à 5 ans... Connaissez-vous Naples?...*

LUIGI.

J'y étais il y a huit jours.

PAPELITA.

Alors vous devez connaître la Bambolina.

LUIGI.

La Bambolina... la plus jolie danseuse de San-Carlo! (*Il va poser son verre sur la table à gauche.*)

PAPELITA.**

C'est ma sœur.

LUIGI.

Ta sœur!... eh! mais, il me semble qu'il était question de son mariage...

PAPELITA.

Avec un français... pas très-beau, à ce qu'elle m'écrit... mais qui porte un nom superbe... monsieur de Mâchebœuf!

LUIGI, *riant.*

Mâchebœuf! peste!...

PAPELITA.

C'est un peu distingué ce nom-là!... Nous nous rendons à

* Papelita, Luigi.
** Luigi, Papelita.

Naples pour les noces... Per Dio! signor cavalier... voulez-vous en être? pas de façons!... je vous invite.

LUIGI.

Une noce!... ! non!... non j'y ferais trop triste figure.

PAPELITA, *à part.*

Il a dit ça avec un gros soupir!

LUIGI.

Mais d'ici, je veux boire au bonheur de la Bambolina!...

PAPELITA, *aux bohémiens, élevant son verre.*

Vous entendez!

LES BOHÉMIENS.

A la Bambolina!...

PAPELITA.

Maintenant, camarades... allez camper par là, dans la montagne!... Il fait une chaleur à rôtir le diable!... nous ne repartirons que cette nuit... allez, mes enfants, allez!...

LES BOHÉMIENS.

CHŒUR.

Air précédent.

Chantons, chantons, etc.

(*Ils sortent.*)

SCÈNE IV.

PAPELITA, LUIGI. *

LUIGI, *qui est allé regarder à la fenêtre, à part.*

Je ne vois rien venir.

PAPELITA, *le regardant.*

Pauvre garçon!... (*Haut.*) Signor, vous voyez, je viens de renvoyer ma cour.

LUIGI.

Et pourquoi?

PAPELITA.

Pour vous offrir une audience particulière.

LUIGI.

A moi?...

PAPELITA, *tirant de sa poche une jolie petite blague à tabac, et du papier à cigarettes.*

Fumez-vous? **

LUIGI, *refusant.*

Merci.

PAPELITA, *tout en roulant sa cigarette et s'asseyant à droite.*

Vous avez tort... c'est un tabac de contrebande, doux comme du sucre d'orge... Alors, commencez... je vous écoute avec la plus bienveillante attention.

* Papelita, Luigi.

** Luigi, Papleita.

LUIGI.

Et... que faut-il dire à la Reine?... un conte?... une chanson?

PAPELITA.

Allons donc! c'est bon pour les enfants, cela... je veux... du feu d'abord... et ensuite... une histoire... la vôtre...

LUIGI.

Voici le feu.

PAPELITA.

Merci... et l'histoire?...

LUIGI.

Oh! cela ne t'amuserait pas... puis, à ton âge, tu ne pourrais comprendre...

PAPELITA, *fièrement et se levant.*

Signor..., je suis majeure... depuis trois ans!

LUIGI.

C'est juste... pardon... je l'avais oublié.. mais, malgré cela...

PAPELITA.

Vous ne voulez pas? allons!... je le vois bien... il faut que je devine.

LUIGI.

En effet... tu dois être un peu sorcière...

PAPELITA.

Un peu... beaucoup... et la preuve... (*Le désignant du doigt.*) vous êtes amoureux!

LUIGI.

Hein?

PAPELITA, *à part.*

Ma sœur m'a toujours dit : « Quand tu verras un beau cavalier de vingt à trente ans... tu peux lui dire hardiment... Vous êtes amoureux! »

LUIGI.

Et à quoi devines-tu?

PAPELITA, *à part.*

Ça y est... (*Haut.*) Je devine bien autre chose!... on vous refuse celle que vous aimez...

LUIGI.

Comment sais-tu?...

PAPELITA, *à part.*

Ça y est encore... Ce n'est pas difficile... puisqu'il est seul ici... et qu'il pousse de gros soupirs!

LUIGI.

Eh bien! oui, j'aime une jeune fille de Naples, Donna Sabina...

PAPELITA, *répétant pour se rappeler.*

Sabina!

LUIGI.

La nièce du signor Malcornuto...

PAPELITA, *riant.*

Oh! oh!...

LUIGI.

Une espèce de naturaliste... qui passe une moitié de sa vie à collectionner des papillons...

PAPELITA.

Tiens, ça doit être gentil!

LUIGI.

Pour me séparer de Sabine, il a quitté Naples avant-hier avec elle, dans sa vieille cariole... ils vont à Rome à petites journées.

PAPELITA.

Mais, alors, ils vont passer par ici!

LUIGI.

Oui! escortés d'un animal de voyageur, un parisien, qu'ils ont ramassé hier sur la route...

PAPELITA.

Un parisien!... Diavolo! Diavolo!...

LUIGI.

Malcornuto s'en est amouraché, et tu comprends ma rage, ma jalousie!... Mais je suis fou!... me confier à une enfant!... une petite fille!...

PAPELITA.

Petite fille!... Un savant de notre troupe m'a récité une jolie fable qui dit : « On a souvent besoin d'un plus petit que soi! » La connaissez-vous?...

LUIGI.

Sans doute... eh bien?...

PAPELITA.

Eh bien! laissez-moi faire!... Voyons, vos gens vont arriver?

LUIGI.

Ils devraient être ici.

PAPELITA.

C'est bien! (*Frappant sur la table.*) * Holà! Gubetta! l'aubergiste!... (*A Luigi.*) Ah! votre bourse.

LUIGI.

La voici.

PAPELITA.

Très-bien!... (*Frappant.*) Gubetta!!!

SCÈNE V.

LES MÊMES, GUBETTA.**

GUBETTA, *entre par la droite, premier plan, à moitié endormi.*

Majesté?

* Papelita, Luigi.

** Gubetta, Papelita, Luigi.

PAPELITA.

Le signor a besoin de ton auberge pour toute la journée... (*Lui jetant la bourse.*) Prends ceci... et va te coucher.

GUBETTA, *joyeux.*

Me coucher!...

LUIGI, *qui était à la fenêtre, revenant vivement.*

Les voici! les voici!...

PAPELITA.

Vite! dans votre chambre!

GUBETTA.

Et moi?

PAPELITA.

Pas un mot! ou sinon, ma bande est là!

GUBETTA.

Oui, oui! grande monarque!... Quelle chance!

ENSEMBLE.

Air de *L'Estocq.*

PAPELITA.

Eloignez-vous, c'est mon désir;
Il faut, afin de réussir,
Vous taire.
Beau cavalier, soyez prudent,
Vous comprendrez dans un instant
Mon plan.

LUIGI.

Quoiqu'à regret, soyons prudent,
Je connaîtrai dans un instant
Son plan.

GUBETTA.

On ne pouvait en ce moment
Me procurer plus d'agrément,
Vraiment!

(*Luigi sort à droite, premier plan; Gubetta à gauche, troisième plan, suivi de Papelita qui, en sortant, fait le geste du silence à Luigi.*)

SCÈNE VI.

MALCORNUTO, *avec une casquette de voyage et tenant à la main une coiffe à papillons*, ALCIBIADE, SABINE.

MALCORNUTO, *entrant le premier.*

Par ici, signor Francesc, par ici.

ALCIBIADE, *entre, donnant le bras à Sabine. — Il a un chapeau sur lequel sont piqués plusieurs papillons.**

Entrez, belle signorina... et permettez-moi de vous piloter jusqu'à cette chaise qui vous tend les bras.

SABINE, *avec une politesse froide.*

Merci, signor.

MALCORNUTO.

Que ces français sont galants, mon dieu !

SABINE, *à part.*

Luigi doit être ici !

ALCIBIADE.

Sapristi ! père Malcornuto ! il fait chaud dans votre belle Italie !... Voilà ce que j'appelle un polisson de soleil !

MALCORNUTO, *riant.*

Oh ! oh ! oh !... Dis donc, ma nièce... il appelle le soleil polisson !... Est-il spirituel !

SABINE.

Vous trouvez ?

ALCIBIADE.

Ah ça ! mais il n'y a donc personne, ici... Je vais m'informer...

MALCORNUTO.

C'est ça... conduisez ma nièce... (*A Sabine.*) Demande une chambre pour toi, et un bon déjeuner pour nous.

ALCIBIADE.

Garçon... garçon...

SABINE, *remerciant Alcibiade qui la reconduit.*

Mille grâces, signor... ne prenez pas la peine, voici une chambre. (*Elle entre à gauche, premier plan.*)

SCÈNE VII.

ALCIBIADE, MALCORNUTO. *

MALCORNUTO, *à part.*

Je ne suis pas fâché de rester seul avec lui.

ALCIBIADE, *à Malcornuto.*

Que diable tenez-vous là ? Encore un papillon.

MALCORNUTO.

Une superbe danaïde que je viens de capturer, voudriez-vous me la laisser piquer avec les autres ? (*Il désigne le chapeau d'Alcibiade.*)

ALCIBIADE.

Comment donc, père Malcornuto !... piquez ! piquez !... Tous les jours, entre voyageurs, on se rend de ces petits services-là ? on se pique réciproquement des papillons sur le chapeau !... c'est très-bien porté !

MARCORNUTO.

Bah ! ça se fait aussi en France ?

* Sabine, Alcibiade, Malcornuto.

ALCIBIADE.

On ne voit que cela sur le boulevard des Italiens.

MALCORNUTO.

Vraiment! signor francese...

ALCIBIADE.

Ne m'appelez donc pas toujours *signor francese*... c'est stupide!

MALCORNUTO, *riant.*

Ah! il est très-spirituel!... N'êtes-vous pas français?

ALCIBIADE.

Puisque je suis de Nanterre!

MALCORNUTO.

Nanterre... je sais... un port mer... sur la Loire...

ALCIBIADE.

Juste! où l'on fait des petits gâteaux... et des rosières... Appelez moi Alcibiade!

MALCORNUTO.

Eh bien! signor francese Alcibiade... laissez-moi m'épancher. (*Lui serrant les mains.*) Tenez, je suis ravi de notre rencontre.

ALCIBIADE.

Je vous crois!... sans moi, vous seriez encore, à l'heure qu'il est, la tête en bas...

MALCORNUTO.

Ah! oui! dans ce fossé où je venais de tomber, en voulant piquer ce magnifique porte-queue royal!

ALCIBIADE.

Et c'est vous qui avez piqué une tête dans le fossé.

MALCORNUTO.

Heureusement, il y avait de la vase.

ALCIBIADE.

C'est une chance... Moi, je trottinais sur Pied-de-Fer, mon petit cheval corse... une monture très-sournoise... qui, lorsqu'elle est fatiguée de vous porter, a le soin de passer dans une ornière... et alors, les pieds du cavalier touchant le sol de chaque côté... on se promène une heure ou deux à quinze centimètres au-dessus de l'animal... qui se trouve immédiatement soulagé! Je recommande cette équitation aux gens qui aiment à voyager à pied!

MALCORNUTO.

Bref! vous m'avisez dans ma position perplexe... et vous me repêchez...

ALCIBIADE.

Comme une sangsue!

MALCORNUTO, *riant.*

Ah! ah! ah! une sangsue! Est-il spirituel! * (*Avec effusion.*) Jeune étranger...

* Malcornuto, Alcibiade.

ALCIBIADE.

Qu'est-ce qu'il y a?...

MALCORNUTO.

Un napolitain n'oublie ni une injure, ni un service!... Êtes-vous marié?...

ALCIBIADE, *étonné.**

Hein?... pourquoi ça?...

MALCORNUTO.

L'êtes-vous?...

ALCIBIADE.

Il s'en est fallu de peu!... (*Riant à part.*) Povera Bambolina! (*Haut.*) mais je le suis pas.

MALCORNUTO.

Vous le serez... Exercez-vous une profession artistique?...

ALCIBIADE.

Oui, je voyage pour les gilets de flanelle...

MALCORNUTO.

Très-bien!... je vous autorise à baiser le gant de ma nièce.

ALCIBIADE.

Il se pourrait!... j'y cours!

MALCORNUTO.

Un instant!... nous oublions que nos pauvres chevaux doivent mourir de soif...

ALCIBIADE.

C'est vrai... personne n'a encore paru... Ah ça! père Malcornuto! dans quelle diable d'auberge nous avez-vous conduits?...

MALCORNUTO.

Soyez tranquille, nous y serons très-bien... et puis la contrée abonde en lépidoptères de la plus belle espèce...

ALCIBIADE.

Oui, mais les lépidoptères ne donnent ni à boire ni à manger... (*Appelant.*) Holà!... holà!... quelqu'un!... à la boutique!...

MALCORNUTO, *se tordant.*

Ah! ah! ah!... la boutique!...

SCÈNE VIII.

LES MÊMES, PAPELITA. *

PAPELITA, *entrant, du troisième plan de gauche, en costume d'hôtelière.*

Me voilà, messieurs, me voilà.

ALCIBIADE.

Qu'est-ce que c'est que ça?

* Malcornuto, Papelita, Alcibiade.

PAPELITA.

Air nouveau de MANGEANT.

C'est l'hôtesse
Qui s'empresse
D'accourir
Et d'obéir.
Parlez vite,
La petite
Subitò va vous servir.

Oui, vraiment, mon hôtellerie
Est, je le dis sans flatterie, (*bis.*)
La meilleure des environs.
Je ne crains pas qu'on me démente, (*bis.*)
Car mon auberge, je m'en vante,
Est la seule de ces cantons.

(*Avec volubilité.*)

Voulez-vous dormir, boire ou manger?... j'ai des lits bien blancs, des vins bien frais, une cuisine très-choisie... fruits, légumes, poissons, gibier... cailles, ortolans, poulets, canards... dindons, signor... (*Elle fait une révérence à Malcornuto.*) et bécasses, signor. (*Révérence à Alcibiade.*)

ALCIBIADE.

Hein!... bécasse?

MALCORNUTO.

Dindon!...

PAPELITA.

C'est l'hôtesse, etc.

ALCIBIADE.

Tout cela est très-joli!... mais nous demandons le maître d'auberge.

PAPELITA.

Le maître de l'auberge?... (*Se désignant.*) Le voilà!...

ALCIBIADE.

Toi!... tu n'es tout au plus qu'un quart d'aubergiste...

MALCORNUTO.

Elle est très gentillette...

ALCIBIADE.

Je réclame un aubergiste au grand complet.

PAPELITA, *avec malice.*

Vous verrez que j'en vaux bien un autre. Voyons! signor, commencerez-vous par la sieste, ou par un bon déjeuner?

ALCIBIADE.

Je ne serais point hostile au bon déjeuner... mais les bêtes d'abord, n'est-ce pas, Malcornuto?

PAPELITA.

Alors, je vous sers...

ALCIBIADE.

Plaît-il?

PAPELITA.

Une bouteille de Rosolio.

ALCIBIADE.

Commence par nous servir un de tes garçons d'écurie.

PAPELITA.

Bah ! pourquoi faire ?

ALCIBIADE.

Mais pour abreuver nos montures.

PAPELITA.

Ah!... c'est que... je n'en ai pas, de garçons d'écurie.

ALCIBIADE.

Tu n'en as pas?... alors, pourquoi mets-tu sur ton enseigne: Loge à pied et a cheval..... *Logeado à pieto et à chevallo?*

PAPELITA.

Dame! parce que c'est vrai; mais quand des voyageurs viennent avec leurs chevaux... je les prie de les soigner eux-mêmes.

ALCIBIADE, *à Malcornuto.*

Sapristi! elles sont jolies vos auberges d'Italie! *

MALCORNUTO.

Mon ami, elles sont toutes comme ça.

ALCIBIADE.

Eh bien! alors, allons bien vite!... je suis sûr que Pied-de-Fer a la pépie!

ENSEMBLE.

Air : *Adieu, je pars, mademoiselle.* (La Corde.)

ALCIBIADE.

Jamais voyageur, je parie,
Ne fut servi comme cela.
Il faut venir en Italie,
Pour voir pareille locanda!

MALCORNUTO.

Me voilà garçon d'écurie;
Je connais peu ce métier-là.
Mais toujours dans notre Italie
On est servi comme cela.

PAPELITA, *à part.*

La pauvre signora s'ennuie
Auprès de ce beau monsieur-là.
Oui, mais bientôt, je le parie,
Tout son chagrin s'envolera.

(*Alcibiade et Malcornuto sortent par le fond.*)

* Malcornuto, Alcibiade, Papelita.

SCÈNE IX.

PAPELITA, SABINE. *

PAPELITA, *à elle-même.*

Enfin, ils s'éloignent... maintenant... vite ! à nos amoureux !... (*Voyant entrer Sabine.*) Ah !... (*A Sabine.*) La jolie signora... n'a rien à me commander...

SABINE, *un peu importunée, mais avec douceur.*

Non, mon enfant... tu peux me laisser seule...

PAPELITA.

Seule !... oh ! non pas... on s'ennuie toute seule... et, quand il vient dans mon auberge, des belles demoiselles comme vous... je reste avec elles... je leur tiens compagnie...

SABINE, *s'asseyant à droite.*

Merci !... merci, ma chère petite... *

PAPELITA.

Surtout quand elles sont tristes...

SABINE.

Moi, triste !... tu te trompes.

PAPELITA, *avec intention.*

Je cherche à les distraire...

SABINE.

Je t'assure...

PAPELITA.

Bah ! bah !... vous vous méfiez de la petite Papelita ! (*Appuyant.*) Si elle voulait pourtant... elle pourrait vous dire des choses...

SABINE, *se levant.*

A moi ?...

PAPELITA.

Oh ! mais... des choses... bien intéressantes !... (*Voyant la porte de droite s'ouvrir.*) Ah ! *** mais, nous n'avons pas de temps à perdre !... tenez... regardez de ce côté !...

SCÈNE X.

LES MÊMES, LUIGI.

SABINE. ****

Luigi !...

LUIGI.

Sabine !...

ALCIBIADE, *en dehors.*

C'est ça !... bouchonnez, Malcornuto, bouchonnez !...

PAPELITA, *vivement.*

Chut !... on vient !... sauvez-vous !

(*Luigi rentre précipitamment.*)

* Sabine, Papelita.
** Papelita, Sabine.
*** Sabine, Papelita, Luigi.
**** Sabine, Luigi, Papelita.

SCÈNE XI.

PAPELITA, SABINE, *assise à gauche*, ALCIBIADE.

ALCIBIADE.

C'est qu'il s'en tire fort bien... * (*Riant.*) Figurez-vous, mademoiselle, que cet excellent oncle est en train de bouchonner Pied-de-Fer... et je bénis ce travail de maquignon, qui me permet de vous trouver seule.

PAPELITA, *à part, avec malice.*

Il paraît que je ne compte pas... nous allons voir !...

SABINE, *à part*

Quel ennui !... (*Haut et feignant de souffrir.*) Pardon, monsieur... le grand air... le voyage... j'ai une forte migraine...

ALCIBIADE, *légèrement.*

Oh ! tant pis !... (*Allant prendre une chaise qu'il apporte près de Sabine.*) Du reste mademoiselle, c'est avec son autorisation particulière que j'ose... (*Papelita lui ôte sa chaise.*) Eh bien ?...

PAPELITA, *essuyant la chaise qu'elle emporte loin de lui.*

Pardon, signor, j'ôte la poussière... je veux que mes meubles soient bien brillants, bien brillants !...

ALCIBIADE, *à demi-voix*

Va-t-en... (*Reprenant.*) Mademoiselle !... ou plutôt... signorina !... j'adopte signorita comme plus Italien !... ce digne oncle, tout en étrillant Pied-de-Fer, vient de m'adresser, touchant ma fortune, un tas de questions...

SABINE.

Mon Dieu !... je souffre horriblement...

ALCIBIADE, *légèrement.*

C'est votre migraine... (*Reprenant.*) Mais si je perce ses intentions bienveillantes, ô belle Sabine... (*Papelita qui depuis un moment balaie, lui pousse comme par mégarde le balai dans les pieds.*) Sapristi ! aubergiste ! faites donc attention !

PAPELITA.

Pardon, signor, je balaie... je veux que mon auberge soit bien propre, bien propre !... (*Sabine se lève.*)

ALCIBIADE. **

Cette petite m'agace !... (*A Sabine avec feu.*) Belle Sabine !... où en étais-je ?... ah !... non !... n'importe !... sachez mademoiselle, que depuis l'épisode du porte-queue Royal, le Vésuve n'est plus à sa place... vos yeux Napolitains ont opéré son déménagement ; il est là, dans mon cœur... et la lave la plus brûlante... (*Papelita qui arrose avec un entonnoir, lui lance de l'eau dans les jambes.*) Fichtre !... sacrebleu !... vous m'inondez !...

* Papelita, Sabine, Alcibiade.

** Alcibiade, Sabine, Papelita, au fond.

PAPELITA.

C'est pour que mon auberge soit bien fraîche, bien fraîche !...

ALCIBIADE, *furieux.*

J'ai deux voies d'eau dans mes souliers !... (*Reprenant avec feu.*) Oui, signora, c'est de l'eau... non ! c'est de la lave !...

SABINE, *étouffant son envie de rire, et feignant de souffrir.*

Oh ! je n'y tiens plus !...

PAPELITA.

Signora, c'est l'heure de votre siesta... (*Elle lui indique la porte à gauche, premier plan.*)

SABINE, *se tenant le front.*

Oui, je crois qu'un peu de repos... excusez-moi signor... (*Elle entre.*)

ALCIBIADE, *voulant la suivre.*

Bella Sabina ! mio amore !...

PAPELITA, *sur la porte de la chambre.*

Puisque c'est l'heure de sa siesta !... (*Elle entre et ferme la porte.*)

SCÈNE XII.

ALCIBIADE, puis LUIGI.

ALCIBIADE, *seul, très-vexé.*

Ah !... voilà une moutarde... qui me monte au nez... C'est égal !... je me crois assez avant dans la manche de l'oncle... je viens de faire à ce professeur de papillons l'aveu... sincère... que mes gilets de flanelle me rapportaient, bon an mal an, de quinze mille à treize cents livres... J'ai cru devoir négliger les centimes... et surtout le motif... un peu canaille... qui me fait chevaucher en ce moment dans ces parages émaillés, dit-on, de pas mal de bandits... Il s'agit d'une gredinerie... assez Casanova !... Le mois dernier, j'avise à Naples, au théâtre San-Carlo, une danseuse des plus fringantes... je lui fais un œil américain... elle y correspond par une prunelle encore plus américaine !... je m'enhardis, et le lendemain matin... de bon matin... à minuit... je me présente chez elle... Elle me reçoit... sur son carré... je lui offre un de mes gilets hygiéniques... elle m'avoue qu'elle n'en porte pas... et m'engage à revenir... plus tard... Je reviens, et... vous le dirai-je ?... je me toquai pour cette ballerina... Allons ! convenons-en... j'avais un cheveu pour elle... oh ! mais... un cheveu énorme !... Malheureusement, elle était sage... et j'aventurai le mot *matrimonio*, qui, dans son patois étranger, signifie mariage... Elle goba cette hypothèse... écrivit à ses parents... et le jour des noces approchait à pas redoublés... quand, ma foi, je reculai devant cet hymen chorégraphique... et, sans tambour, sans aucune trompette... j'exécutai un solo de fuite... clandestin ! C'est une vilenie... je pourrais avoir des remords... mais, j'ai beau me tâter, je n'en ai pas... Bien plus, j'aime donna Sabine, ma signora... je l'aime!... comme un homme à la carabine!... et d'ailleurs, je la crois mieux dotée... sinon par la nature... du moins par son vieux lépidoptère d'oncle... Ah! ça mais, que fait ce Malcornuto? il n'en finit pas. (*Il remonte vers la porte du fond.*)

LUIGI, *entr'ouvrant sa porte.*

Je n'entends plus rien... (*Apercevant Alcibiade.*) Ah! (*Il referme vivement sa porte.*)

ALCIBIADE, *sursautant au bruit de la porte.*

Hein!... qui va là?...

SCÈNE XIII.

ALCIBIADE, MALCORNUTO, puis PAPELITA.*

MALCORNUTO, *entrant du fond et à lui même.*

C'est drôle! en conduisant les chevaux dans l'écurie, il m'a semblé entendre un ronflement humain!... est-ce que cette auberge ne serait pas sûre?... Alcibiade!

ALCIBIADE, *sursautant.*

Hein!

MALCORNUTO.

Dites-moi... avez-vous des valeurs sur vous?

ALCIBIADE.

Sapristi!... ne me parlez donc pas toujours de ces choses-là!

MALCORNUTO, *étonné.*

Pourquoi?...

PAPELITA, *sortant de la chambre de Sabine.* **

Chu-u-ut!...

MALCORNUTO.

Quoi?... ah! ça, et ma nièce?...

PAPELITA.

Elle repose; elle fait sa siesta... Eh bien, seigneurs voyageurs, que commandez-vous pour votre dîner?... ***

MALCORNUTO.

Diable! c'est juste... il se fait tard, et nous n'avons pas envie de passer la nuit ici.

ALCIBIADE.

Oh! non!... Sers-nous vivement, et après... en route!

PAPELITA, *à part.*

En route... oui, mais pas ensemble!

ALCIBIADE.

Dépêchons, dépêchons!...

PAPELITA.

Commandez, signor... d'abord, il y a tout ce qu'il faut dans mon auberge.

* Malcornuto, Alcibiade.

** Papelita, Malcornuto, Alcibiade.

*** Malcornuto, Papelita. Alcibiade.

ALCIBIADE.

Nous connaissons ta carte... tu nous l'a déroulée... Malcornuto, que penseriez-vous d'une brochette d'ortolans ?

MALCORNUTO.

Oui, avec des feuilles de vigne frites par dessous.

ALCIBIADE, *à part.*

Je ne sais pas si les ortolans ont besoin de feuillles de vigne...

MALCORNUTO.

A la napolitaine... c'est très bon... vous verrez.

ALCIBIADE.

Allons ! soit !...

PAPELITA.

Pas possible, signor... nous avons bien les feuilles... mais les ortolans sont encore sur les arbres... et si vous êtes pressés...

ALCIBIADE.

Il faudrait aller à la chasse... je comprends. Eh bien ! sers-nous un modeste poulet...

PAPELITA.

Très-bien !.... ah ! c'est que nous n'avons qu'une poule et elle couve.

ALCIBIADE.

Bigre ! alors tu auras des poulets dans six mois... nous repasserons.

MALCORNUTO.

Quelque chose qui ne couve pas... un petit lapin... à l'huile.

ALCIBIADE.

Je l'aimerais mieux au beurre... mais enfin...

PAPELITA.

Oh ! nous en avons un... bien beau !... un bon gros père !...

ALCIBIADE, *faisant la grimace.*

Diable !

PAPELITA.

Mais ce serait dommage ! il est si bien élevé !... il joue du tambour de basque.

ALCIBIADE, *furieux.*

Un lapin savant !... je n'en veux pas !... je croirais manger un membre de l'Institut... à l'huile !...

PAPELITA.

Si vous voulez vous faire une omelette.

ALCIBIADE.

Nous faire ?... est-ce que ça va recommencer comme pour les chevaux ?

PAPELITA.

Voilà des œufs... une poêle... arrangez-vous. (*Elle lui met la poêle dans les mains et le panier où sont les œufs.*)

MALCORNUTO, *prenant la poêle.*

Donnez... je vais vous confectionner ça... avec des petits morceaux d'ail.

ALCIBIADE.

De l'ail?... pouah!... je ne l'aime qu'aux fines herbes. (*Ils se disputent la poêle.*)

MALCORNUTO.

Moi, je ne l'aime qu'à l'ail...

ALCIBIADE.

Moi, je ne l'aime qu'aux fines herbes...

MALCORNUTO.

Sans ça, les œufs ne passent pas.

ALCIBIADE.

Alors, faisons chacun la nôtre...

PAPELITA.

Ah! ben, c'est ça!... * vous trouverez tout ce qu'il faut dans la salle à côté... (*Elle indique la porte de gauche, troisième plan.*)

ALCIBIADE.

Ah! elles sont jolies vos auberges d'Italie!...

MALCORNUTO, *tenant des œufs.*

Mon ami, elles sont toutes comme ça!...

ALCIBIADE.

Je vous en fais mon compliment.

PAPELITA.

Moi, je vais mettre le couvert.

ENSEMBLE.

MALCORNUTO, ALCIBIADE.

Air : *Erreurs du bel âge.* (Variétés.) *Allons, mon vieux, il faut faire bombance.*

C'est ennuyeux!... et je le vois d'avance,
Nous allons faire assez maigre bombance!
Consolons-nous, car, dès demain,
Je compte bien me remettre en chemin.

PAPELITA.

Grâce à mes œufs, ayez-en l'assurance,
Vous allez faire ici bombance,
Et vous pourrez, le ventre plein,
Oui, vous pourrez vous remettre en chemin.

(*Malcornuto, sort à droite, deuxième plan.*)

SCÈNE XIV.

ALCIBIADE, PAPELITA. **

PAPELITA, *à part.*

Maintenant! à nous deux, mon petit ami! (*Elle roule la table ronde au milieu.*)

* Alcibiade, Malcornuto, Papeli

** Alcibiade, Papelita.

ALCIBIADE, *assis devant la cheminée, à lui-même, cassant les œufs dans une assiette*

Ah! sans mon profond cheveu pour dona Sabine, comme je filerais d'ici!

PAPELITA, *à part, mettant la nappe.*

Tu fileras bien sans ça!

ALCIBIADE.

Plaît-il?...

PAPELITA.

Je mets le couvert... Battez, battez fort!

ALCIBIADE, *dignement.*

Je ne reçois d'ordres de personne, madame! (*Battant ses œufs.*) Ce ne sont pas les œufs de ta couveuse, au moins.

PAPELITA.

Oh non! ils sont bien frais... ils étaient encore tout chauds, quand je les ai achetés... il y a trois semaines.

ALCIBIADE.

Trois semaines!... mâtin!... Il paraîtrait qu'il ne vient pas ce qui s'appelle... une masse de voyageurs dans ton auberge?

PAPELITA.

Il en venait beaucoup encore le mois passé... mais, depuis huit jours, bernique!

ALCIBIADE.

Et pourquoi bernique?

PAPELITA, *allant à lui et l'amenant sur le devant.*

Chut!

ALCIBIADE, *tenant l'assiette aux œufs.*

Hein?...

PAPELITA, *baissant la voix.*

Parce que depuis huit jours, le fameux Gamba-Fresca a reparu dans le pays.

ALCIBIADE, *ému.*

Gamba-Fresca?...

PAPELITA.

Battez, signor!...

ALCIBIADE.

Je bats!... qu'appelles-tu Gamba-Fresca?

PAPELITA.

C'est un affreux brigand qui désole la contrée.

ALCIBIADE, *riant pour déguiser sa peur.*

Ah! bon!... ah! bon!... voilà les histoires des voleurs qui vont commencer! Je me disais aussi... dans une auberge isolée, à six lieues des marais Pontins... ce serait bien le diable, si...

PAPELITA.

Ne riez pas...

ALCIBIADE.

Mais si!

PAPELITA.

Je vous dis de ne pas rire! ..

ALCIBIADE, *ému à part.*

Crebleu !

PAPELITA.

On voit bien que vous ne connaissez pas ce terrible bandit... sans ça ?...

ALCIBIADE.

Sans ça !

PAPELITA.

Il y a longtemps que vous seriez loin d'ici ! (*Elle va à la table.*)

ALCIBIADE, *dissimulant sa peur.*

Ah ! comme tu m'amuses !... je le vois d'ici ton terrible bandit !... un grand diable, avec des grandes moustaches, un grand sabre... une grosse voix... comme croquemitaine !... *

PAPELITA.

C'est pas du tout ça !... Gamba-Fresca est un petit vieux, maigrot, seccot, ratatiné, avec du coton dans les oreilles...

ALCIBIADE.

Du coton dans les oreilles. un bandit !... comme tout dégénère !...

PAPELITA, *parlant du nez.*

Et qui parle du nez... comme ça... tenez, signor francèse...

ALCIBIADE

Tiens ! on croirait entendre Malcornuto !... c'est drôle !... et il voyage avec toute sa troupe ?

PAPELITA.

Pas si nigaud !... il est malin !... il voyage tout seul... dans une bonne voiture... comme un bon bourgeois...

ALCIBIADE.

Voyez-vous le gaillard !

PAPELITA.

Avec une belle demoiselle... qu'il appelle sa fille... ou sa nièce !... je ne sais pas au juste...

ALCIBIADE, *inquiet.*

Sa nièce !... qui parle du nez... ah ! ça mais...

PAPELITA.

Faut mettre vos œufs !... v'là votre poële qui chante.

ALCIBIADE.

Laisse-là chanter... (*A lui-même.*) Encore comme ce Malcornuto !...

PAPELITA, *à part.*

Je crois que ça mord !...

ALCIBIADE, *regagnant la cheminée.*

Eh bien ! poursuis-donc, continue... jamais je ne me suis tant amusé !...

PAPELITA, *s'asseyant sur la table de gauche.*

Eh ben, signor... quand il rencontre sur sa route un bêta de voyageur...

* Papelita, Alcibiade.

ALCIBIADE, *attentif.*

Quand il rencontre un bêta ?...

PAPELITA.

Il se lie avec lui, il rit, il cause, il fait le gentil... le bêta lorgne la demoiselle... Gamba-Fresca... qui est malin... lui donne des espérances...

ALCIBIADE, *à lui-même, redescendant vers la droite.*

Il m'en a donné !...

PAPELITA.

Et, tout naturellement, sans avoir l'air... lui demande s'il est bien riche...

ALCIBIADE, *à lui-même.*

« Avez-vous des valeurs sur vous ? » Après ?...

PAPELITA, *venant à lui et d'une voix sombre.*

Après... il l'amène dans une auberge... au milieu des montagnes... et quand ils sont à table... il lui met dans son assiette une petite poudre blanche qui l'endort... et alors... crac !...

ALCIBIADE, *tombant assis sur le banc à droite.*

Il l'étrangle !...

PAPELITA.

Oh ! pas toujours.

ALCIBIADE, *terrifié et prêt à s'évanouir.*

Mais quelquefois... merci !... plus de doute !...

PAPELITA.

Ah ! mon Dieu ! mon Dieu !... il se trouve mal !... de l'eau !... (*Elle court à la cheminée.*) Ah ! votre omelette brûle !... (*Elle apporte la poële et la lui met dans les mains.*)

ALCIBIADE, *prenant machinalement la poële.*

Je m'en fiche pas... (*Se levant.*) Ah ! je donnerais six sous pour être à Nanterre dans ce moment-ci ! Mais, je file incontinent...

PAPELITA.

Vous me laissez toute seule !...

ALCIBIADE.

Non ! je vais passer un bail de 3, 6, 9, dans ton affreuse locanda... Adieu ! porte-toi bien !... (*Il remonte avec sa poële pour sortir.*)

PAPELITA, *joyeuse, à part.*

Bon !...

ALCIBIADE, *voyant paraître Malcornuto, et s'arrêtant effrayé.*

Trop tard !*

PAPELITA, *à part.*

Diavolo !...

SCÈNE XV.

LES MÊMES, MALCORNUTO.

MALCORNUTO, *entrant gaiement, sa poële à la main.*

La voilà, mon ami, elle embaume... sentez-moi ça !... (*Il tend sa poële vers lui.*)

* Papelita, Malcornuto, Alcibiade.

ALCIBIADE, *paraissant avec la sienne.*

Merci !... je suis enrhumé ! *

MALCORNUTO, *admirant son omelette.*

C'est qu'elle est dorée !... je ne me serais pas cru un talent pareil !...

ALCIBIADE, *à part.*

En a-t-il de ce coton dans les oreilles !...

PAPELITA, *bas à Malcornuto.*

Chut !... Connaissez-vous Gamba-Fresca ?

MALCORNUTO, *effrayé, bas.*

Ce fameux bandit qui, endort les voyageurs avec une poudre ?...

PAPELITA, *bas à Malcornuto.*

Chut !... c'est lui !... (*Elle désigne Alcibiade.*)

MALCORNUTO.

Gamba-Fresca ? ? ?

PAPELITA.

Silence ! il nous massacrerait ! (*Elle remonte derrière la table.*)

MALCORNUTO, *à part, épouvanté.*

Per dio !... le gredin m'avait entortillé.

PAPELITA.

Eh bien, messieurs, votre dîner va refroidir. **

MALCORNUTO ET ALCIBIADE.

Voilà, voilà ! (*Ils versent leurs omelettes dans des assiettes qui sont sur la table.*)

ALCIBIADE, *complimentant.*

Oh ! jolie !... jolie omelette !...

MALCORNUTO, *à Alcibiade.*

Très-bien ! très-bien réussie !...

ALCIBIADE, *allant poser sa poêle à gauche.*

Canaille !

MALCORNUTO, *allant poser sa poêle à droite.*

Brigand !

PAPELITA, *pendant qu'ils ont le dos tourné.*

Vite... une poignée de sel à chacun !... (*Elle saupoudre les omelettes et s'éloigne vivement de la table.*) A table, signori ; la nuit approche...

MALCORNUTO, *à part.*

La nuit !...

(*Ils placent leurs chaises et s'assoient en tremblant.*)

ALCIBIADE, *à part.*

Quelle atroce figure !...

MALCORNUTO, *à part.*

A t-il l'air d'un fieffé coquin !...

ALCIBIADE, *de même.*

Je suis mal à mon aise. (*Ils se sont assis à table en face l'un de l'autre.*)

* Alcibiade, Malcornuto, Papelita.
** Alcibiade, Papelita, Malcornuto.

MALCORNUTO.

Bon appétit, signor Gamb... (*Se reprenant.*) Alcibiade...

ALCIBIADE.

Vous de même, père Gamb... cornuto. (*Tous deux regardent leur assiette, avec effroi.*)

PAPELITA, *à part, réprimant son envie de rire.*

Attention !... *

MALCORNUTO, *à part.*

Ah ! mon Dieu ! il m'a flanqué quelque chose de blanc sur mon omelette !...

ALCIBIADE, *à part.*

Ça y est !... je suis saupoudré !... (*Frappé d'une idée.*) Oh !...

MALCORNUTO, *à part, ramassant sa serviette et la mettant.*

Il veut m'endormir !... c'est clair !...

ALCIBIADE, *faisant faire un demi-tour à la table, pendant que Malcornuto met sa serviette.*

Attends, bandit ! attends ! (*Après avoir tourné la table.*) Là ! (*Papelita lui donne le pain et un couteau.*)

MALCORNUTO, *même jeu qu'Alcibiade, pendant que celui-ci est occupé à couper le pain.*

Attends, empoissonneur !...

ALCIBIADE, *à part.*

Ah ! vieux chenapan !... vieux vagabond !...

PAPELITA, *qui rit tout bas.*

Comme j'ai envie de rire !...

ALCIBIADE.

Mangez donc, signor.

MALCORNUTO.

Après vous, cher ami...

ALCIBIADE, *à part.*

La mienne m'est revenue !!!

MALCORNUTO, *à part.*

Encore la mienne !!! Carpo di Bacco !... (*Tous deux se lèvent.*)

ALCIBIADE.

Sapristi !

PAPELITA.

Vous avez déjà fini ?

ALCIBIADE.

Franchement je ne suis pas en appétit...

MALCORNUTO.

Moi, j'ai comme une barre dans l'estomac. (*Papelita roule la table vers la droite.*)

ALCIBIADE.

J'ai besoin d'un peu d'exercice... je vous demanderai la permission de partir devant...

MALCORNUTO.

Moi aussi... le temps de réveiller ma nièce...

* Alcibiade, Malcornuto, Papelita.

ALCIBIADE. *

Mais nous nous rejoindrons...

MALCORNUTO.

Je crois bien !... ce cher ami !...

ALCIBIADE.

Un si aimable compagnon de route !...

MALCORNUTO.

Rendez-vous au prochain hameau...

PAPELITA.

Oui, à la croix du Bandit !...

MALCORNUTO ET ALCIBIADE, *se serrant la main, et d'une voix chevrotante de peur.*

C'est ça !... à la... croix... du Bandit !...

ALCIBIADE, *à part.*

Compte là-dessus, vieux Cartouche !...

MALCORNUTO, *à part.*

Va m'y attendre, petit gueux !...

ENSEMBLE.

Air *de la Chanteuse voilée.*

MALCORNUTO, ALCIBIADE.

Ah ! quelle effroyable aventure !
J'en suis encor tout interdit !
Mais je n'irai pas, je le jure,
L'attendre à la Croix-du-Bandit.

PAPELITA.

Ah ! quelle amusante aventure !
Comme chacun est interdit !
Ils ont tremblé, j'en étais sûre,
Rien qu'aux mots de Croix-du-Bandit.

(Alcibiade sort par le fond.)

SCÈNE XVI.

PAPELITA, MALCORNUTO.

PAPELITA, *à part.*

Bravo !... j'ai réussi !...

MALCORNUTO.

Ah ! je n'en puis plus !... quel coquin renforcé, ma chère !... regarde s'il est parti...

PAPELITA, *à la fenêtre.* **

Attendez !... le voilà sur mon son biquet... bon !... il se dépêche tant qu'il a manqué se flanquer par terre !... allez donc !... le voilà qui galope...

MALCORNUTO.

Par où prend-il ?

* Malcornuto, Alcibiade ; Papelita, deuxième plan.
** Malcornuto, Papelita.

PAELITA.

Par la vallée. (*Elle allume la chandelle. — Demi-nuit en scène, nuit complète au dehors.*)

MALCORNUTO.

Très bien !... mais, comme il pourrait me repincer dans la montagne... lui ou sa bande... j'aime infiniment mieux passer la nuit ici... bien tranquillement... je trouve ça plus spirituel !... Enfant, ferme toutes les portes...* je me place sous ta haute responsabilité !

PAPELITA, *bravement.*.

Je réponds de vous corps pour corps ! (*A part.*) Allons prévenir la signora... (*Papelita sort à gauche, premier plan*).

SCÈNE XVII.

MALCORNUTO, puis ALCIBIADE ET PAPELITA

MALCORNUTO, *seul*

Admirez-vous la malice !... voyant que je ne mordais pas à son omelette poudrée... il s'est dit : attirons-le dans un traquenard... Je suis brisé... voyons !... si je me reposais un peu... je ne dormirai pas beaucoup, je ne fermerai qu'un œil... (*Il met son bonnet de coton et gagne le lit.*) Gredin de Gamba-Fresca !... se faire passer pour entrepreneur de gilets de flanelle... le lainage le plus inoffensif ! ces gens-là n'ont rien de sacré !... (*Il ferme les rideaux et se jette sur le lit en grommelant.*) Ah ! brigand... bandit... scélér... (*La voix s'éteint. — Au même instant la fenêtre dont les volets n'étaient pas fermés s'ouvre, et la tête d'Alcibiade paraît.*)

ALCIBIADE, *à demi-voix.*

C'est moi !... Je n'ai pas voulu réveiller la mirmidonne... (*Il enjambe et entre sans bruit.*) Je préfère lui escroquer ces quelques heures d'hospitalité !... Ce malfaiteur est parti... avec sa fausse nièce... il est allé rejoindre sa bande... J'ai vaguement entrevu pas mal de chapeaux pointus dans la montagne... je me méfie des chapeaux pointus... quand ils m'apparaissent... la nuit... au clair de lune... parmi des rochers mal famés... (*Il se coiffe d'un bonnet de coton.*) Bambolina, je te regrette en ce moment, j'ai eté médiocre envers toi... Je vais rêver que j'ai des remords... Gredin de Gamba-Fresca ! va m'attendre à la croix du Bandit, mon bonhomme !... (*Il se jette sur le lit, les rideaux retombent, au même instant une bousculade a lieu dans l'alcôve ; on entend des cris d'effroi.*) Hein !!! Qui vive !... qui va là !... Au secours !... Au voleur !.. (*Les rideaux s'agitent ; enfin Alcibiade et Malcornuto sortent et viennent vivement en scène, en se tenant mutuellement à la gorge.*)*

TOUS DEUX, *se reconnaissant et bondissant en arrière.*

C'est lui !!! (*Alcibiade et Malcornuto tremblants tendent l'un vers l'autre : celui-ci sa bourse, l'autre sa montre.*)

* Malcornuto, Alcibiade.

ALCIBIADE.

Signor, pas de bêtises !... Voici ma montre...

MALCORNUTO.

Voici ma bourse !...

ALCIBIADE, *étonné.*

Pourquoi faire ?

MALCORNUTO, *étonné.*

Comment ! pourquoi faire ?...

PAPELITA, *paraissant au fond, à part.*

Alcibiade ! revenu !...

ALCIBIADE.

Puisque vous êtes cette canaille de Gamba-Fresca...

MALCORNUTO, *furieux.*

C'est toi-même, gredin !

ALCIBIADE.

C'est toi, savoyard !*

MALCORNUTO.

Tu en as menti.

ALCIBIADE.

Vous en êtes un autre !!! qu'elqu'un, qui vous connaît particulièrement, m'a donné sur votre identité les renseignements les plus... satisfaisants !...

MALCORNUTO.

A moi de même.

ALCIBIADE.

Qui ça ?

MALCORNUTO.

La petite aubergiste !

PAPELITA.

Aïe !... aïe !... (*Elle se cache vivement sous la cheminée.*)

ALCIBIADE.

Comme à moi !

TOUS DEUX, *ébahis et indignés.*

Ah !

ALCIBIADE, *en colère.*

Où est-elle, la petite intrigante ?...

MALCORNUTO.

Mais, tenez... mon cher ami... je puis vous montrer mon diplôme de membre correspondant de la société zoologique... (*Fouillant à sa poche, tout en se nommant.*) Carolo-Boromeo Malcornuto !...

ALCIBIADE.

Et moi, mon passeport, parfaitement visé... Mathias-Alcibiade de Machebœuf...

PAPELITA, *à part, frappée de ce nom.*

De Machebœuf !... le fiancé de ma sœur !... (*Elle se glisse sous la table de gauche.*)

* Alcibiade, Malcornuto.

ALCIBIADE, *qui fouille dans son portefeuille, à part.*

Ah ! non ! pas ça... diable !... des poulets amoureux !... des lettres de la Bambolina !...

PAPELITA.

De la Bambolina !

ALCIBIADE.

Voici la chose... (*Il pose le portefeuille sur la table et tend son passeport à Malcornuto qui lui passe son diplôme. — Papelita prend le portefeuille, s'empare des lettres, puis le repose sur la table et se sauve par le fond.*)

ALCIBIADE, *parcourant le papier de Malcornuto.*

C'est parfait !

MALCORNUTO, *de même.*

Très en règle !

ALCIBIADE.

Avec un signe particulier...

(*Alcibiade et Malcornuto se rendent leurs papiers.*)

ALCIBIADE, *remettant son portefeuille dans sa poche.*

La petite drôlesse nous a fourrés dedans !...

MALCORNUTO, *à part.*

Il y a du Luigi là-dessous... Ah ! mon cher ami... si vous m'en croyez... (*Baissant la voix.*) cette auberge m'est suspecte... on y ronfle dans les écuries... La petite aubergiste...

ALCIBIADE.

A une mauvaise figure... J'adopte votre plan... n'attendons pas le jour... décampons...

MALCORNUTO.

Tous trois ensemble... vous, votre futur oncle... et votre femme !...

ALCIBIADE, *avec transport, l'embrassant.*

Ma femme !... Oh !

MALCORNUTO, *entrant dans la chambre de Sabine.*

Sabine ! ma nièce !... mets tes bottines... debout, mon enfant.

SCÈNE XVIII.

ALCIBIADE, *puis* LUIGI.

ALCIBIADE, *seul, gambadant de joie.*

Victoire ! triomphe complet !... j'épouse la petite Malcornuto !

LUIGI, *qui est entré par la droite, enveloppé dans son manteau, lui posant la main sur l'épaule.)*

Tu ne l'épouseras pas !...

ALCIBIADE, *terrifié.*

Hein ?

LUIGI.

Ou, si tu l'épouses... (*Tirant un poignard de dessous son manteau et faisant le geste.*) Dzing !... Je ne te dis que ça ! (*Il sort par le fond.*)

* Alcibiade, Luigi.

ALCIBIADE.

Quel est ce monsieur qui ne me dit que ça ?... un rival, peut être !... Ah ! mais, alors, je n'épouse plus !

SCÈNE XIX.

ALCIBIADE, MALCORNUTO.

MALCORNUTO, *avec un méchant sourire.*

Qu'est-ce que j'entends-là !...* Vous tergiverseriez ?...

ALCIBIADE, *souriant.*

Voilà le mot... je tergiverse un peu.

MALCORNUTO.

Après avoir publiquement brigué ma nièce !... après l'avoir compromise !

ALCIBIADE.

Oui, mes idées se sont un peu modifiées.

MALCORNUTO, *lui saisissant le poignet.*

Monsieur !

ALCIBIADE.

Mais...

MALCORNUTO.

Un Napolitain n'oublie ni un service, ni une injure !...

ALCIBIADE.

Mais...

MALCORNUTO,

Je ne suis pas méchant... je suis même bonhomme... Mais vous l'épouserez, ou sinon... (*Tirant un poignard et faisant le geste.*)

ALCIBIADE, *effrayé.*

Dzing !

MALCORNUTO.

Pensez-y un peu... Je vais vous chercher votre fiancée. (*Il rentre à gauche.*)

SCÈNE XX.

ALIBIADE, *puis* PAPELITA, LES BOHÉMIENS.

ALCIBIADE, *seul.*

Lui aussi !... Ah ! mais !... ah ! mais !... j'aimais encore mieux Gamba-Fresca !... et ma foi... tout bien réfléchi...

PAPELITA, *qui est entrée par le fond en costume brillant de bohémienne, mais couvert d'une mante qui le cache. — Sarrêtant près d'Alcibiade, et d'un ton de menace sourde, les bras croisés et marchant sur lui, il recule pas à pas.***

Connaissez-vous un sieur de Marchebœuf ?...

ALCIBIADE, *étonné.*

Tiens ! tiens !

* Malcornuto, Alcibiade.

** Alcibiade, Papelita.

PAPELITA.

Le fiancé de la Bambolina ?

ALCIBIADE.

Tiens ! tiens ! tiens !...

PAPELITA.

Qui s'est sauvé de Naples comme un petit monstre... pour ne pas tenir sa promesse ?...*

ALCIBIADE.

Ah ! tu connais cette folâtre anecdote ! (*Il rencontre une chaise en reculant et s'assied à droite.*)

PAPELITA.

La Bambolina est ma sœur !...

ALCIBIADE.

Ah bah ! (*Changeant de ton.*) Qu'est-ce que ça me fait ?

PAPELITA.

Et tu l'épouseras... sinon !...

ALCIBIADE.

Sinon...

PAPELITA, *relevant le bas de sa robe.*

Vois-tu bien ceci ?

ALCIBIADE.

C'est une petite jarretière ?

PAPELITA.

Et... à la jarretière ?...

ALCIBIADE, *se levant.*

Fichtre !... un petit poignard !...

PAPELITA.

Je ne te dis que ça !... dzing !

ALCIBIADE.

Elle aussi !... Ah ! mais... tu n'es pas de taille... je me fiche parfaitement de ton dzing !... Tiens ! vois comme j'ai peur, je vais filer !

(*Papelita souffle dans un petit cornet à bouquin doré qu'elle porte à son côté*).

LES BOHÉMIENS, *armés de couteaux catalans, paraissent au fond et à la fenêtre.*

Dzing !...

ALCIBIADE.

Fichtrre !... mes chapeaux pointus !... toute une bande !

PAPELITA.

La mienne !

ALCIBIADE.

Tu serais une *cheffesse* de voleurs !...

PAPELITA.

De voleurs ? de braves bohémiens !...

ALCIBIADE, *courtoisement.*

C'est la même chose !... ah ! c'est bien différent !... (*Les saluant.*) Messieurs... voulez-vous permettre... j'ai une course à

* Papelita, Alcibiade.

faire... chez mon notaire... (*Il veut filer. — Les Bohémiens lèvent leurs poignards.*) Je vous comprends... vous me priez de rester...

PAPELITA.

Nous allons t'escorter jusqu'à Naples... et te ramener à la Bambolina, dont tu vas me demander la main...

ALCIBIADE, *à part.*

La sœur d'une bandite !...

PAPELITA.

Ou sinon !...

LES BOHÉMIENS.

Sinon !...

ALCIBIADE.

Assez !... je connais cette note !... J'épouse avec empressement !

LES BOHÉMIENS.

A merveille !

PAPELITA.

De ce moment, tu es des nôtres...

(*En un tour de main on lui met une barbe, un chapeau pointu et un grand manteau.*)

CHŒUR.

Air :

Amis, au nom de la Bambolina,
Aimons celui que son cœur préféra.

ALCIBIADE.

Mais qu'est-ce que vous faites... c'est un costume de mardigras !... (*On lui donne un sabre et une carabine.*)

Puisqu'il devient à jamais son époux,
Qu'on le vénère et qu'il règne sur nous.

PAPELITA.

Te voilà roi de Bohême.

TOUS.

Vive le roi de Bohême !

SCÈNE XXI.

LES MÊMES, MALCORNUTO, SABINE, LUIGI *derrière les bohémiens.*

MALCORNUTO, *rentrant.**

Le roi de Bohême !...

PAPELITA, *à Malcornuto.*

Signor, c'est notre roi... le Grand-Coësre !...

MALCORNUTO.

Le Grand-Coësre... un bohémien !...

* Malcornuto, Papelita, Sabine, Alcibiade.

ALCIBIADE.

Un vrai bohême !

SABINE.

Alcibiade !

MALCORNUTO, *par réflexion.*

Mais ça n'est pas possible... j'ai vu ses papiers... il s'appelle Machebœuf...

PAPELITA.

Pardi !... les papiers d'un voyageur français, qu'il a dévalisé la semaine passée... *

ALCIBIADE, *se révoltant.*

Ah mais !...

PAPELITA, *bas, en lui montrant sa jarretière.*

Silence ! (*A Malcornuto.*) Et même un peu... (*Elle fait le geste de poignarder.*)

MALCORNUTO.

Il a assassiné l'infortuné Machebœuf...

ALCIBIADE, *révolté.* **

Moi ! je me suis assassiné !...

PAPELITA.

Je ne veux rien vous cacher, signor Malcornuto, notre grand roi... qui est très-féroce... vous réservait le même sort...

MALCORNUTO.

Le gueux !...

ALCIBIADE, *avec mélancolie.*

Ah ! monsieur, pas d'injures !

PAPELITA.

Et sans un jeune cavalier auquel il a de grandes obligations... ***

MALCORNUTO.

Un cavalier...

PAPELITA, *présentant Luigi.*

Embrassez-le !... c'est lui qui vous a sauvé !...

MALCORNUTO.

Luigi !... ****

ALCIBIADE.

L'homme au dzing !...

MALCORNUTO, *serrant les mains de Luigi.*

Je vous autorise à baiser le gant de ma nièce !... ***** et emmenez-nous d'ici...

LUIGI.

Ne craignez rien... nous serons protégés...

MALCORNUTO.

Par qui, grand Dieu !...

* Malcornuto, Sabine, Papelita, Alcibiade.
** Sabine, Malcornuto, Papelita, Alcibiade.
*** Sabine, Malcornuto, Papelita, Luigi, Alcibiade.
**** Sabine, Malcornuto, Luigi, Papelita, Alcibiade.
***** Sabine, Luigi, Malcornuto, Papelita, Alcibiade.

PAPELITA.

Par moi... qui serai dans deux jours la belle-sœur du Grand-Coësre... Il épouse ma sœur...

ALCIBIADE, *vexé.*

Oui... un mariage d'inclination... c'est étonnant, comme je vais m'amuser à ma noce... nous chanterons... nous danserons!...

PAPELITA.

Eh! per Dio!... justement, je rapporte de nos voyages les danses les plus nouvelles... Voulez-vous que je vous en donne un échantillon?

TOUS.

Volontiers...

ALCIBIADE.

C'est ça!... dansez... moi, je me vengerai!... je leur ferai porter à tous des gilets de flanelle... ça les grattera!

(Papelita danse la Madriléna.)

(A la fin de la danse, on reprend le chœur d'entrée des Bohémiens.)

FIN.

Clermont (Oise) — Imp. A. Daix, rue de Condé, 58.

www.ingramcontent.com/pod-product-compliance
Lightning Source LLC
LaVergne TN
LVHW012020160826
845678LV00002B/934